LES ÉPAVES
DU
NAUFRAGE

Conférence faite au Théâtre-Français le 15 juillet,
et au cirque des Champs-Élysées le 6 août

AU PROFIT DES ORPHELINS DE LA GUERRE

PAR

ERNEST LEGOUVÉ

PARIS

J. HETZEL ET Cie, ÉDITEURS
18, RUE JACOB, 18

Droits de traduction et de reproduction réservés.

LES ÉPAVES

DU NAUFRAGE

LES ÉPAVES
DU NAUFRAGE

Messieurs,

Ce n'est pas sans émotion que je me retrouve à cette place. Il y a huit mois, quand j'ai eu l'honneur d'y monter, Paris était assiégé depuis trente-quatre jours : le présent était plein de périls et l'avenir plein de menaces : cet avenir est devenu le présent; ces menaces sont devenues des réalités, et ces réalités ont laissé bien loin derrière elles ce qu'avaient rêvé de plus affreux les imaginations les plus épouvantées. Tout s'est tourné contre nous : le ciel comme la terre, les éléments comme les hommes, nos compatriotes comme nos ennemis; en dix mois de guerre, nous n'avons pas eu un jour, pas une heure de chance heureuse; vingt fois nous nous sommes crus tombés au dernier degré des douleurs humaines, et toujours ce fond de l'abîme s'est ouvert pour nous précipiter dans un cercle d'enfer plus effroyable encore, de façon que ce pays, qui il y a trois ans était l'objet de l'admiration et de l'envie générales, est devenu pour l'Europe entière un sujet de mépris ou de pitié dédaigneuse.

Eh bien, messieurs, savez-vous ce que m'ont appris ces événements, c'est que nous ne sentons réellement combien un être nous est cher que le jour où nous le voyons frappé de quelque grande infortune. Alors il se fait en nous, pour lui, comme une immense explosion de tendresse et de compassion ; nous éprouvons un inexprimable besoin de courir à lui, de le soulager, de le relever, de le consoler ; voilà ce que j'éprouve pour la France. Je l'aimais bien passionnément quand elle était prospère et triomphante, je l'aime mille fois davantage depuis qu'elle est écrasée et vaincue : je n'ai jamais tant tenu à mon nom de Français! Sans doute, depuis huit mois, ma fierté patriotique a eu plus d'un jour de défaillance ; pendant le triomphe passager de la Commune, j'ai ressenti... ce qu'ont dû ressentir les catholiques honnêtes le lendemain de la Saint-Barthélemy ; il me semble qu'ils ne devaient plus oser se dire catholiques. Eh bien, je n'osais plus me dire Parisien, à peine me dire Français. Mais quand j'ai entendu jeter l'anathème sur notre patrie tout entière pour le crime de quelques scélérats, quand j'ai vu les pessimistes (je déteste les pessimistes) s'écrier comme les Prussiens, et avec une sorte de joie amère, que nous étions un peuple fini !... que Paris était mort !... que la France était perdue !... que notre pays avait fait son temps dans le monde et dans l'histoire ; alors j'ai bondi d'indignation, et ma raison s'est révoltée contre cette iniquité et contre ce blasphème. Non! nous ne périrons pas, parce que nous n'avons pas mérité de périr! Que nous ayons commis des fautes, de grandes fautes, soit! Mais il y a une telle disproportion entre nos erreurs et notre châtiment, qu'au nom de la justice même de Dieu, je dis que ce châtiment n'est pas une condamnation, mais une épreuve. Seulement, pour que cette épreuve soit salutaire, il faut avant tout que nous croyions à notre salut.

Je vous ai dit que je détestais les pessimistes. Savez-vous pourquoi? D'abord parce qu'ils ont sans cesse à la bouche le plus irritant de tous les mots : *Je vous l'avais bien dit!* Leur apprenez-vous qu'il vous est arrivé quelque mécompte, « Je vous l'avais bien dit, » s'écrient-ils; et les voilà tout consolés de votre malheur, par le plaisir de l'avoir prévu. Puis, ils ont vraiment trop bonne opinion d'eux-mêmes et trop de dédain pour les autres, surtout pour ceux qu'ils appellent les esprits chimériques, les hommes à illusions. Illusions! illusions! comme s'il n'y avait pas les illusions en mal tout comme les illusions en bien! Comme s'il n'y avait pas les dupes de la méfiance comme les dupes de la confiance! Ajoutez que ces dupes-là sont les plus misérables victimes des misères de cette vie, car ils en souffrent trois fois, avant qu'elles n'arrivent, quand elles sont arrivées, et même quand elles n'arrivent pas !

Mais ce qui m'anime le plus contre le pessimisme,

c'est que, dans la terrible position où la fortune nous jette, nous ne pouvons nous sauver que par un effort désespéré, et le pessimisme fait tomber les armes des mains. Sans doute, il est des pessimistes qui, même dans des crises terribles, font bravement leur devoir ; mais ils ne font que leur devoir. L'impossible n'est pas de leur domaine. Franchir les montagnes, soit; les transporter, jamais! La croyance seule produit ces miracles. Le christianisme le savait bien, lui qui a presque fait de l'optimisme une vertu théologale, lui qui, renversant de leur piédestal le groupe charmant mais frivole des trois Grâces païennes, a donné au monde en échange le divin trio des sœurs immortelles : la Charité, la Foi et l'Espérance !

Comment réaliser notre espoir ?

Messieurs, lorsque dans un port de mer les gardiens du port signalent un navire en détresse, que fait-on? on court à la rive, on organise le sauvetage, on ramasse les épaves, on recueille les débris, on retire le corps du bâtiment, du linceul de sable où il est enseveli, et le lendemain commence le travail de reconstruction. Eh bien, la France aussi a été jetée à la côte comme un vaisseau désemparé. La tempête a déchiré ses voiles et mis sa mâture en pièces; ce n'est pas le feu du ciel, c'est le feu de l'enfer qui a consumé ses œuvres vives, et la voilà étendue sur la grève, comme une ruine fumante et noircie. Courons donc à elle ; penchons-nous pieusement sur ce qui reste du navire ; mettons-nous tous à l'œuvre, du cœur et des mains, pour le reconstruire avec ses propres débris. Il ne se redressera, je le sais, hélas! qu'amoindri et mutilé; mais sa carène, pour être plus petite, n'en sera ni moins solide ni moins brillante, si nous en retranchons hardiment tous les matériaux pourris qu'y avait introduits un pouvoir corrompu, et si nous n'employons, pour le reconstruire, que du fer et du cœur de chêne, c'est-à-dire la justice, la probité et la liberté!

Faisons donc notre inventaire. Voyons ce qui nous reste; et d'abord, divisons en deux parties les débris que le flot nous apporte; mettons d'un côté les bonnes épaves, de l'autre les mauvaises, et commençons par celles qu'il faut écarter.

Au premier rang je place deux fétichismes funestes : le fétichisme de l'Empire et le fétichisme de la Convention.

Il faut avoir vécu sous la Restauration pour comprendre le mélange bizarre d'impérialisme et de libéralisme qui formait la religion politique de la jeunesse. Nous étions tous bonapartistes et libéraux. Rien de plus inexplicable, ce semble, qu'une telle alliance, et, au fond, rien de plus simple. Tout ce qu'il y avait eu d'odieux dans le gouvernement impérial avait disparu avec lui; nous ne souffrions plus de son despotisme; les traces matérielles de nos derniers désastres étaient effacées, et leur souvenir se perdait dans l'éclat de quatorze ans de triomphe : pour nous, l'Empire ne représentait plus qu'une consolation, la gloire; et qu'un principe, la révolution de 89. Les Bourbons, au contraire, nous rappelaient à tort, je le crois, mais nous rappelaient l'étranger et l'ancien régime ; notre bonapartisme n'était donc qu'une arme de combat contre la Restauration, et voilà par quelle singulière association d'idées notre amour pour l'empereur se confondait avec notre amour pour la liberté. Ajoutez à cela le prestige d'une incomparable infortune, cette agonie au sein de l'Océan, cette héroïque victime clouée sur un rocher lointain comme Prométhée, ces cris de douleur qui nous arrivaient à travers les mers, et qui nous arrivaient arrangés avec art et combinés pour l'effet par le martyr lui-même, devenu acteur dans son propre drame, tout cela donnait à la fin de cette destinée prodigieuse un aspect de cinquième acte dans une tragédie antique, qui charmait tout ce que nous avons de théâtral, faisait vibrer tout ce que nous avons d'enthousiaste, et enflammait ainsi à la fois les imaginations, les têtes et les cœurs. On a accusé Béranger d'être le créateur de cette épopée impériale, on oublie qu'il a eu pour complice tous les poëtes, sauf Lamartine, tous, les étrangers comme les Français, Manzoni comme Casimir Delavigne, lord Byron comme Victor Hugo. Comment n'eussions-nous pas été enivrés de cette gloire qui enivrait toute l'Europe, et qui était la nôtre ! Il le savait bien, lui, ce génie du mal à qui il eût été si facile d'être le génie du bien ! Il le savait, alors qu'il disait : Si dans cinquante ans paraît sur une côte française un petit chapeau au bout d'un bâton, il sera le maître de la France. Hélas ! le petit chapeau a paru, et le maître aussi. Le premier César avait inscrit sur son drapeau : Grandeur nationale; son successeur inscrivit sur le sien : Ordre et fortune publique; le peuple les crut tous les deux; et il n'a pas fallu moins que nos dix mois de catastrophes pour nous ouvrir les yeux sur les désastreuses victoires du premier Empire, et sur la mensongère prospérité du second.

Messieurs, je n'ai pas de goût pour les récriminations, et, selon moi, l'on doit toujours le respect du silence aux vaincus et aux morts, mais aux morts qui consentent à être morts, et c'est à titre de précaution que je dois vous montrer en quelques mots quelle influence étrange et fatale a exercée sur notre sort l'action successive et combinée des deux Empires.

L'un nous avait légué un territoire amoindri, l'autre nous laisse une France mutilée et ruinée. L'imprudence de l'un nous jette dans une guerre insensée; le souvenir de l'autre en fait une guerre de représailles et de vengeance. Qui a créé cette centralisation despotique qui nous écrase? c'est le premier. Qui l'a changée en un instrument de désorganisation ? c'est le second. Qui a fait naître l'antagonisme des civils et des militaires? c'est l'oncle. Qui a fomenté l'hostilité des bourgeois et des ouvriers? c'est le neveu. Qui a poussé jusqu'à l'état de vices nos défauts naturels de vantardise guerrière, de vanité dédaigneuse, de confiance outrecuidante? c'est l'oncle. Qui a développé jusqu'à la folie nos goûts de luxe, notre amour du bien-être, notre penchant pour la matérialité élégante ? c'est le neveu. Mais la Providence, qui a si longtemps tourné ces deux hommes contre nous, les tourne aujourd'hui contre eux-mêmes. C'est l'oncle qui a couronné le neveu ; c'est le neveu qui découronne l'oncle ! Qu'ils disparaissent donc ensemble ! Qu'ils entrent tous deux dans les froides régions du passé et dans le sévère domaine de l'histoire ; je ne leur veux pas d'autre châtiment.

La seconde épave que nous apporte le flot, et qu'il est utile, je crois, d'y rejeter, c'est le fétichisme de la Convention. Expliquons-nous.

La Convention a eu trois grands rôles qui se résument par trois grands actes : la défense du sol, la Terreur et la réformation sociale. J'ai toujours admiré profondément le premier de ces rôles, et ce n'est certes pas aujourd'hui que je l'admirerai moins. Je ne puis penser sans un inexprimable mélange d'enthousiasme, de respect et, l'avouerai-je ? de patriotique jalousie, à ces hommes qui ont eu l'immense joie de chasser l'étranger hors de notre sol, et ce théâtre où je me trouve, cette place où je parle, me rappellent les acclamations passionnées et, ce semble, hélas ! prophétiques, qui saluèrent, dans le *Lion amoureux,* ce cri du conventionnel Humbert :

Je jure que tel jour j'ai sauvé la patrie !

Mais je le dirai nettement : autant j'admire dans 92 et 93 le premier des rôles de la Convention, la défense du sol ; autant j'exècre le second, la Terreur ; autant

je me révolte contre le troisième, la réformation sociale.
Eh bien, une aberration étrange s'était emparée, pendant ces dernières années, d'une partie de la jeunesse, d'une partie de la presse et d'une partie des ouvriers ; c'est ce que j'appellerai l'adoration en bloc de tous les actes de la Convention. Libérateurs du sol, législateurs et même exécuteurs, on enveloppait tout, sinon dans la même admiration, ou du moins dans la même adhésion. Les conventionnels ne se désignaient plus que sous le nom de Titans, ou, ce qui n'était pas moins grave, sous le nom de nos pères. Les attaquer, c'était blasphémer. Il y avait saint Robespierre, comme il y avait eu saint Napoléon. Il s'était créé, au profit de cette race républicaine, une sorte de religion dynastique qui avait sa loi du sacrilége, sa loi de lèse-majesté, et les déclarait inviolables même devant l'histoire.

La Commune est venue et nous a révélé le côté horrible et le côté faux de cette idolâtrie. Les hommes de 93 ont reparu dans les hommes de 1871, mais reparu sans rien de ce qu'ils avaient de grand et avec tout ce qu'ils avaient d'odieux et d'insensé. Leurs successeurs nous ont montré à nu, au vrai, au vif, l'infamie de leurs actes en les outre-passant, et l'ineptie de leurs lois en les parodiant. Car qu'est-ce qu'une parodie, sinon la mise en relief des défauts réels d'une figure? Qu'est-ce qu'une caricature, sinon la révélation du vice caché et fondamental d'une œuvre, d'un système, d'un caractère? La caricature n'est ni un mensonge ni un travestissement, ce n'est qu'un grossissement d'une partie de la vérité ; et voilà comment la Commune n'a fait que mettre en pleine lumière ce que nous déguisait la grandeur patriotique de la Convention, c'est-à-dire le vice de l'esprit jacobin, du système jacobin. Il a régné pendant deux mois sans contrôle, qu'a-t-il produit ? Pas une idée juste, pas une réforme applicable. Il s'est montré là tout entier, avec son mélange d'idéalisme chimérique et de réalisme grossier ; son amalgame des saints mots de justice ou d'égalité et des actes les plus contraires à ces mots ; sa manie de réglementation, son mépris de toute liberté et enfin sa haine sourde et envieuse contre tout ce qui s'élève, tout ce qui se distingue, tout ce qui brille ! Il nous en coûte bien cher pour apprendre à le connaître ; Mais la leçon profitera : nous voilà, j'espère, désillusionnés de 93 comme de 1804 ; et croyez-moi, c'est pour notre navire une bonne condition de solidité que de n'avoir plus à son bord et de ne plus porter dans ses flancs ces deux fléaux destructeurs : le termite jacobin et le termite impérial.

Arrivons à nos bonnes épaves.

Messieurs, un peuple peut être vaincu, mutilé, ruiné, et ne pas être condamné à mourir. Les ruines se relèvent, les défaites se vengent, les blessures se cicatrisent, les indemnités se payent, les mutilations même se réparent, car il y a cette différence entre les individus et les nations, qu'un individu, s'il perd un bras, le perd pour toujours ; mais une nation peut se voir arracher quelqu'une des parties de son territoire et la retrouver; les membres coupés d'un peuple repoussent. Avant donc de condamner un peuple, ce qu'il faut, c'est lui mettre la main sur le cœur, et savoir s'il bat encore. Eh bien, cherchons à travers nos ruines, sous nos villes incendiées, cherchons l'âme de la France! voyons ce que ces onze mois de désastres ont fait d'elle, ce qu'elle a gardé ou gagné de forces morales, de vertus solides, de qualités saines, car ce sont là les seuls éléments de la reconstitution d'un grand peuple.

Deux faits importants nous offrent un sûr moyen d'appréciation : ce sont les deux siéges de Paris.

Je choisis dans le premier quatre dates qui correspondent à quatre états caractéristiques de l'esprit français : c'est le 22 octobre, le 1er décembre, le 1er janvier et le 28 janvier.

Messieurs, il est des paroles historiques qu'on ne peut juger équitablement qu'en se reportant à l'époque où elles ont été prononcées et qu'en se rappelant l'effet qu'elles ont produit. Tel mot qui semble ridicule aujourd'hui a été sublime quand on l'a dit. La phrase célèbre : « Pas un pouce de notre territoire, et pas une pierre de nos forteresses! » a été l'objet des critiques les plus amères. Eh bien, cette phrase est peut-être devenue une faute, mais elle ne l'était pas au mois de septembre, car elle nous a servi de soutien et de cordial. Il faut avoir vécu à Paris pendant le siége pour savoir en quel état de prostration étaient les âmes dans les premiers jours de l'investissement. Partout un découragement profond! un désespoir inerte! une démoralisation sans vergogne! Qui releva tout à coup les courages? Le manifeste, et dans le manifeste, cette phrase. C'était un mot imprudent, excessif, allant au delà du vrai, soit! Mais croyez-vous donc que ce soit avec des paroles bien pondérées et des phrases bien mesurées qu'on entraîne les masses et qu'on réveille les peuples? Nous étions engourdis, stupéfiés par les vingt ans d'empoisonnement de l'Empire. Il fallait un coup de tonnerre pour nous arracher à notre léthargie. Ce mot fut l'étincelle électrique! Parti du cœur d'un honnête homme, il alla droit à tous les cœurs. C'était la réponse à l'arrogant ultimatum de notre ennemi! C'était un défi opposé à un défi! Chaque crise a besoin d'un mot où elle se résume : Cette phrase devint pour nous une devise, un drapeau, une sorte de strophe de plus ajoutée à la *Marseillaise*, pour nous aider à nous défendre. C'est sous le coup de ce manifeste et de ce mot que s'inaugura et s'organisa ce que j'appellerai la période héroïque du siége, la période de la résistance. L'œuvre était écrasante, et ce semble impossible. De tous côtés arrivaient en foule ces terribles engins d'artillerie prussienne qui devaient démolir nos remparts en quelques jours, ruiner un de nos forts en quelques heures, livrer passage enfin pour une attaque de vive force à ces troupes si puissamment organisées et rendues comme invincibles par leurs victoires mêmes. Déjà, vous vous le rappelez, les étapes de la marche royale étaient marquées. Le roi de Prusse devait coucher tel jour à Fontainebleau, tel jour à Versailles, tel jour à Saint-Cloud, tel jour aux Tuileries!... Et nous, que pouvions-nous opposer à cette invasion? Aucun moyen sérieux de défense. Nous avions des remparts, mais ils n'étaient pas achevés. Nous avions des forts, mais ils n'étaient pas armés. Nous avions des soldats, mais ils n'avaient pas d'officiers. Nous avions des bras, mais nous n'avions pas de fusils. Eh bien, en cinq semaines, forteresses, bastions, remparts, soldats, tout fut créé, armé, organisé pour la résistance. Comme les âmes étaient disposées à la lutte!... Comme on attendait, comme on appelait l'ennemi! Comme on se préparait virilement, gaiement, à lui disputer pied à pied chaque place, chaque rue, chaque pouce de terrain! Il courait vraiment alors sur Paris comme un souffle de l'héroïque époque de 89! Et vers la fin d'octobre, quand le général passa en revue sur les boulevards, de la Bastille à la Madeleine, les cent mille hommes équipés et armés par lui, il eut le droit et la joie de s'écrier en montrant le camp des Prussiens : « Ils n'entreront pas! »

Ils n'entrèrent pas en effet, car ils n'entrèrent que par la famine, et ils entrèrent sans nous avoir vaincus! Recueillons pieusement ce souvenir! C'est une belle première épave de notre naufrage!

Le 1ᵉʳ décembre représente l'attaque, comme le 22 octobre la défense. C'est le jour de la bataille de Champigny et de Villiers

1...

Vous vous rappelez ce jour, messieurs, car jamais, dans cette guerre fatale, les chances désastreuses ne s'accumulèrent sur notre tête avec plus d'acharnement. Il semble que la fortune prenait plaisir à nous accabler. On devait sortir de Paris le 29 novembre ; un accident retarde le départ d'un jour. Le 30 on part pour franchir la Marne, la Marne monte de trois pieds pendant la nuit. On passe le lendemain ; on se bat pendant dix heures ; le jour suivant on recommence pendant dix autres heures ; on couche sur les positions conquises en se disant : A demain la victoire ! Et quand le lendemain les généraux courent au camp, que trouvent-ils ? Une armée paralysée par le froid. La Marne avait monté la veille de trois pieds ; le thermomètre, cette nuit-là, descend de huit degrés au-dessous de glace. Nos malheureux jeunes soldats ne peuvent pas se relever en se réveillant. Leurs mains ne soutenaient plus leurs fusils. Leurs jambes ne les portaient plus. Il fallut revenir ! Nous étions condamnés ! Mais avions-nous mérité de l'être ? non ! Car on avait lutté deux jours contre un ennemi tout-puissant, avec des soldats improvisés et des canons rapiécés. On avait forcé ses premières lignes, on lui avait tué plus de dix mille hommes ! Enfin on n'avait été vaincu que par les éléments ! Est-ce là le fait d'un peuple en décadence ? non ! C'est l'œuvre d'un peuple qui se régénère ! Encore un débris glorieux de notre naufrage ! Encore une épave !

Le 1ᵉʳ janvier 1871 représente la troisième période du

siége, et la plus douloureuse c'est l'époque de toutes les privations physiques et morales. La viande était rationnée depuis longtemps. Les légumes disparaissaient l'un après l'autre. On commença à altérer le pain : il y avait de tout dans ce pain, même du blé. L'hiver vint joindre ses rigueurs aux souffrances du besoin. La mortalité s'accrut dans une proportion effrayante. Un jour je vis à la porte des halles une pauvre vieille femme assise devant une petite table, et coupant une rave en quatre parties, qu'elle divisait chacune en cinq petites lanières, et de ces cinq lanières elle constituait un lot qu'elle vendait un sou. J'entrai dans les halles : toutes les boutiques vides! Tous les éventaires dégarnis, sauf un seul, largement fourni comme aux plus beaux jours; c'était une boutique de fleurs d'immortelles pour les tombes. Enfin, dernier coup! Le froid, en interrompant le vol des pigeons, avait rompu toute communication avec le reste de la France; nous ne recevions plus un mot de nouvelles ni de notre pays ni de nos familles. Le cœur était à jeun comme le corps. Eh bien, quelle fut pendant cette détresse l'attitude de Paris? Je ne crains pas de le dire, elle fut admirable! Cette population, si ardente, si fiévreuse, devint tout à coup patiente, douce, résignée. Paris avait jusque-là montré des qualités charmantes ; pendant le siége il montra des vertus. Les rues étaient bien désertes et bien sombres le soir; pour toute lumière, de distance en distance, une pâle lanterne qui étoilait à peine l'obscurité; les rares passants qui s'attardaient dans la ville après dix heures n'auraient trouvé personne pour les défendre, et la faim est une bien mauvaise conseillère. Eh bien, pendant ces mois de misère, pas une attaque nocturne, pas un acte de violence; la cour d'assises n'a pas ouvert ses portes, et la police correctionnelle aurait pu fermer les siennes.

Pénétrons dans les familles. Que de vertus touchantes nées de cette rude vie du siége! Combien de liens de femme et de mari, de frères et de sœurs, d'enfants et de parents, resserrés par cette communauté de privations et de périls! Nous avons vu des pères en cheveux gris s'engager comme volontaires dans les compagnies de marche, afin de marcher à côté de leur fils. Nous avons vu des femmes du monde, frivoles et coquettes, tout à coup transformées en compagnes viriles et en mères vigilantes. Tout le monde était devenu économe, rangé, soigneux, sobre,... sobre? on n'y avait peut-être pas grand mérite; n'importe! cela compte toujours. Dieu nous sait gré même des vertus que nous avons quand nous ne pouvons pas faire autrement.

On dit souvent que les absents ont tort; ils n'avaient pas tort pendant le siége; car ils étaient toujours présents. Quand est arrivé ce beau jour de Noël, si cher aux enfants, bien vif était notre regret de ne pouvoir aller le soir cacher au pied de leur lit ces belles surprises auxquelles ils s'attendent toujours, et qui ne les charment pas moins, quoique attendues : Eh bien, comment se consolait-on de cette privation? Bien simplement : ce qu'on ne pouvait pas mettre dans ces chers petits souliers, on le donnait à ceux qui n'avaient pas de souliers. Le premier jour de l'an, je vois entrer chez moi un de mes amis dont la femme était absente, et qui m'apportait cent francs pour une quête. « Je vais vous donner un reçu, lui dis-je... — Un reçu ? — Sans doute ; et j'écris : reçu cinquante francs de M. un tel, et cinquante francs de sa femme. — Mais ma femme est absente. — Je le sais bien. — Comment donc avez-vous deviné que je l'avais associée par la pensée à ce don ? — Je n'ai pas deviné, je me suis souvenu. » Nous en étions tous là. Ce siége, qui a peut-être détruit quelques affections factices, a fortifié toutes les tendresses profondes et pures.

Mais sa vraie grandeur est dans le développement de la pitié. Messieurs, voulez-vous juger un grand mouvement social, voyez quel rôle y ont joué les femmes : si elles y grandissent, la cause est bonne ; si elles s'y dépravent, la cause est mauvaise. Qu'est-ce que la Commune a fait des femmes ? des furies ! Qu'en a fait le premier siége ? des sœurs de charité ! Il y a eu pendant cinq mois, à Paris, une lutte incessante entre la misère et la compassion, où la compassion a toujours eu le dessus.

Les théâtres étaient devenus des hôtels-Dieu. La Comédie française se changea en ambulance. Dans le foyer, décoré de sbustes de tous nos grands poëtes, que voyait-on au-dessous de ces bustes ? des lits de blessés. Qui soignait ces blessés ? qui les veillait ? qui les pansait ? Henriette, Elmire, et même Célimène ; le buste de Corneille a vu Pauline mettre en pratique les nobles leçons de grandeur d'âme qu'il lui a données, et Rotrou a pu applaudir dans les jeunes interprètes de son génie, des émules de son héroïque dévouement. Ne croyez pas que les femmes artistes et femmes riches fussent seules enrôlées dans cette sainte armée : celles qui n'avaient pas d'argent à elles, donnaient... l'argent des autres, c'est-à-dire quêtaient, travaillaient, soignaient. J'en puis citer un exemple admirable. Pendant le bombardement, j'allai un jour visiter dans le quartier du Panthéon une cave qui servait de lieu de refuge à de pauvres bombardés. Voici le spectacle qui s'offrit à moi : par terre, le long de la paroi de gauche, vingt blessés étendus sur des matelas ; au milieu, une table ronde, et autour de cette table, devinez quoi ? une pension de demoiselles ! à côté de ces demoiselles, trois soldats convalescents, jouant aux dominos sur un banc. Enfin, sur toute la paroi de droite, un amas de bois de lits, de tables, de chaises ; et sur ces meubles, assis ou couchés, tous les locataires de la maison. Or savez-vous qui avait rassemblé là tous ces malheureux ? une pauvre institutrice, sans leçons et sans argent : depuis trois jours, elle les avait tous nourris, soignés et habillés. Le matin, elle allait à l'hôpital de la Pitié chercher pour eux de la viande et du pain. Le soir venu, elle s'installait au milieu d'eux, leur lisait la Bible ou le Nouveau Testament, et de temps en temps, pour sa récompense, embrassait un pauvre petit blessé de deux ans, qu'elle berçait sur ses genoux. Qu'était cet enfant ? Un or-

phelin qu'elle avait retiré des ruines d'une maison détruite par une bombe, et qu'elle avait adopté. Un de ses amis lui dit : « Avec quoi l'élèverez-vous ? Vous n'avez rien !
— Bah ! répondit-elle gaiement, Dieu est si bon ! quand il n'y en a pas pour un, il y en a quelquefois pour deux. » Je pourrais vous citer vingt traits semblables. En vérité, on peut le dire, il y eut des jours, pendant le siége, où Paris ressemblait à un chapitre de l'Évangile. Eh bien, Messieurs, croyez-vous que ces traits touchants soient perdus parce qu'ils sont passés ? Non ! Il n'y a pas de passé dans le bien. Les faits disparaissent, mais le sentiment d'où ils sont partis subsiste ; mais le cœur qui les a produits en demeure imprégné, fortifié, et la belle conduite de Paris reste acquise non-seulement à la France, mais à l'âme de la France. Encore une épave de notre naufrage !

J'arrive à la date fatale, au moment qui rassembla pour nous en une seule minute plus de douleurs que n'en avaient contenu les cinq mois du siége : j'arrive à la capitulation. Elle tomba sur le peuple de Paris comme un coup de foudre ! En vain les privations croissantes nous annonçaient-elles l'inévitable dénoûment ; nous étions vis-à-vis de notre cher Paris, comme des fils au chevet de leur père mourant ; nous ne voulions pas voir sa chute nous ne voulions pas y croire ! Aussi quand le mot funeste éclata, ce fut dans toutes les âmes un inexprimable mélange de douleur, de regrets et, pourquoi le cacherai-je ? de reproches et d'irritation. Reproches immérités, je le crois. Irritation injuste ! mais injustice naturelle, honnête, et que ceux mêmes, qui en étaient l'objet ont été les premiers à excuser. « Non! s'écriait cette population désolée, non! vous n'avez pas tiré de nous tout ce que vous pouviez en tirer! Nous avions là des trésors de bonne volonté, de patriotisme ; vous ne les avez pas employés! Pourquoi vous êtes-vous défiés de notre courage? Nous sommes mécontents de vous, parce que nous ne sommes pas contents de nous-mêmes! Peut-être plus de combats n'auraient-ils abouti qu'à faire tuer un peu plus de monde. N'importe! nous aurions mieux payé notre dette, nous aurions mieux rempli notre tâche; et aujourd'hui, dans notre défaite, nous aurions du moins la consolation de nous dire que nous avons fait tout ce que nous pouvions faire. »

Voilà les paroles que j'ai recueillies vingt fois dans les rangs de cette partie de la garde nationale qu'il est de mode d'incriminer aujourd'hui.

Messieurs, il m'est impossible de ne pas m'arrêter ici un moment, car il y a là plus qu'une injustice à réparer, il y a une erreur fatale à combattre.

On accuse la garde nationale de l'ordre, de pusillanimité et de défaillance. On fait peser sur elle la responsabilité du 18 mars. L'injustice publique la traîne comme une coupable sur les derniers champs de bataille de Paris, et on lui dit, en face des cadavres d'insurgés : Voilà ceux que vous n'avez pas su vaincre ; et en face des soldats : Voilà ceux que vous n'avez pas su imiter! Une telle accusation est-elle méritée? Non! Que par la force des choses, que par un concours funeste de circonstances imprévues, que par une suite de cette fatalité qui nous a toujours poursuivis depuis dix mois, il n'ait pas été possible d'employer utilement le dévouement de la garde nationale de l'ordre, je le crois, j'en suis convaincu ! Mais que les bataillons qui avaient été courageux le 31 octobre et le 22 janvier soient devenus lâches le 18 mars ; qu'après avoir triomphé de l'émeute, ils aient fui devant l'émeute ; que ceux qui ont laissé à Montretout et à Buzenval des témoins immortels de leur énergie, comme Henri Regnault et Roquebrune, aient ensuite déshonoré leur passé de vaillance par la plus honteuse pusillanimité, voilà ce que je nie ! Et je le nie non pas seulement pour eux, mais pour notre pays même. Car qu'est-ce que cette classe accusée, sinon la classe moyenne tout entière, c'est-à-dire cette classe d'où sont sortis depuis cinq cents ans tous nos progrès légitimes, et de laquelle seule peuvent sortir tous les progrès de l'avenir ? Une nation où la classe moyenne serait avilie serait une nation perdue. Relevons-nous donc ! justifions-nous ! Et surtout serrons-nous les uns contre les autres ; habituons-nous à ne pas toujours attendre un mot d'ordre d'en haut pour nous réunir dans les moments de péril. On a prétendu qu'en France il n'y avait que les coquins qui savaient s'entendre ; prouvons à tous qu'on peut être associé sans être complice, et opposons à la ligue fatale des ennemis publics la sainte alliance des honnêtes gens.

Nous voici à la dernière partie de notre entretien, au second siége de Paris.

Messieurs, j'ai une manière bien simple et pourtant infaillible, selon moi, de juger les événements actuels. Tout ce qui réjouit les Prussiens, je m'en afflige; tout ce qui les afflige, je m'en réjouis. Eh bien, le dénoûment du second siége de Paris les a profondément blessés. M. de Bismarck avait déclaré à un Français, de qui je le tiens, que nous ne viendrions jamais à bout de la Commune, qu'il nous mettait au défi de vaincre à Paris, sans lui; d'y entrer sans lui. Son orgueil, après nous avoir infligé tant de défaites, rêvait, comme dernier triomphe, de nous infliger un bienfait. Trompé dans son espoir, il en a conçu un dépit amer, si j'en juge par le redoublement de sarcasmes qu'il nous prodigue dans ses discours publics. Ses officiers supérieurs, qui partageaient sa confiance, ont partagé son désappointement. Plusieurs sont venus assister aux batailles de Paris, du haut de Charenton et de Vincennes : ils en sont revenus silencieux, songeurs. Un d'eux m'a dit : « Je n'ai jamais vu se battre avec une telle furie des » deux côtés. » Je m'imagine donc que leur grand stratégiste, M. de Moltke, a dû se dire : « Ah çà, qu'est-ce donc que ces gens-là? Comment! voilà huit mois que je les écrase, que je les ruine, que je les extermine! je leur fais quatre cent mille prisonniers! je leur enlève des milliers de canons et des milliers de fusils! je brise tous leurs cadres d'officiers! et en six semaines ils reconsti-

tuent une armée, ils refont une artillerie, et ils versent à
flots pendant huit jours ce sang que je croyais avoir tari
dans leurs veines!... Quel diable de peuple est-ce là? »
Quel peuple est-ce là, monsieur de Moltke? C'est le peuple
qui ressuscite toujours! C'est le peuple artiste, qui n'est
ni grand, ni gros, ni gras comme vos soldats, mais qui
porte dans son petit et maigre corps cette puissance merveilleuse qui produit la foudre, l'électricité! C'est le
peuple-femme, qui a des défaillances, des faiblesses, des
affaissements nerveux, mais qui a aussi d'incomparables
réveils d'énergie, d'héroïques folies de dévouement. C'est
le peuple gaulois, enfin, ce peuple dont le courage a émerveillé Alexandre, et dont l'audace a fait trembler même
Rome! C'est cette race, toujours fidèle à elle-même, qui
deux fois, sous le roi Jean et sous Charles VI, s'est élancée
d'un bond héroïque hors de l'abîme, et qui trouvera bien
le moyen d'en sortir cette fois-ci encore, soyez-en sûrs!
Nous avons déjà commencé! Oui! Le second siége de
Paris nous a relevés de la défaite du premier. Nous
sommes plus ruinés qu'il y a trois mois, nous sommes
moins écrasés. Il y a trois mois nous n'étions que des
vaincus, aujourd'hui nous sommes redevenus des vainqueurs. Des vainqueurs dans un combat que nos ennemis n'ont pas osé tenter! Des vainqueurs dans une victoire qui est celle de l'Europe tout entière! La France
a renoué par là sa belle tradition du passé. De toutes
les nations du monde, elle est la seule qui ait jamais
fait quelque chose pour les autres. L'Amérique lui doit

sa liberté, l'Italie son indépendance. Elle a combattu pour la Pologne et pour la Grèce; il lui appartenait, en triomphant de cette insurrection formidable, de combattre pour la civilisation, et il lui va bien, de rendre cet immense service aux nations européennes, au moment même où elle est écrasée par l'une et abandonnée par toutes les autres. A l'œuvre donc, et bon espoir ! La Prusse en 1806 était plus abaissée que nous ! Six ans après elle était debout et victorieuse ! Quels moyens avait-elle employés? L'instruction obligatoire et le service obligatoire. Empruntons-lui ses armes ! pénétrons-nous de sa puissante organisation, de sa forte discipline, de son respect pour l'autorité, mais ne la copions pas, ne l'imitons pas, ne devenons pas Prussiens ! Tout en nous inspirant des Prussiens, restons Français !

Un fait vous expliquera ma pensée. Une jeune fille française épousa il y a quelques années un officier supérieur prussien. Ce jeune homme avait pour père un vieux général berlinois, chez qui la roideur soldatesque s'était greffée sur la morgue aristocratique; et comme la greffe avait très-bien pris, le résultat était complet. Un jour, à Berlin, le jeune couple arrive, au déjeuner, en retard d'un quart d'heure. Le vieux général adresse à son fils les plus violents reproches; le fils essaye de se justifier; son père lui répond par un soufflet en plein visage. Le jeune homme baisse la tête et se tait. Mais la jeune femme, bondissant d'indignation, court au vieillard, et d'une voix frémissante : « Je vous défends de frapper

l'homme dont je porte le nom ! » Voilà le cri français !
M. de Bismarck a demandé un jour d'un ton ironique,
ce que c'était que l'honneur français et en quoi il différait de l'honneur des autres peuples. Eh bien, voilà en
quoi il en diffère ! Votre honneur vous permet d'infliger
et de subir des affronts; le nôtre s'indigne d'un affront
reçu comme d'une honte, et d'un affront infligé sans
péril, comme d'une lâcheté ! Vous battez vos soldats
pour les forcer à se battre; vous battez vos fils pour les
forcer à obéir. Chez nous, un soldat qui recevrait un
soufflet de son capitaine et qui le tuerait, serait absous.
Le père qui frappe son fils enfant, est une brute, et celui
qui frappe son fils homme, est un malheureux ! Chez
vous l'autorité s'appelle la schlague ; l'obéissance l'abrutissement ; le courage lui-même s'appelle la peur ! Eh
bien, nous aussi nous voulons l'obéissance, l'autorité, le
respect ; mais nous leur voulons une source plus pure,
un fondement plus moral, et Dieu merci, pour les trouver, nous n'avons qu'à nous imiter nous-mêmes.

Messieurs, parcourez les codes maritimes de toutes
les nations, vous y voyez au premier rang des peines,
les coups de fouet et les coups de canne. La France
seule, depuis 1848, a aboli les châtiments corporels sur
tous les bâtiments de l'État. La discipline en a-t-elle
souffert? Elle s'y est affermie. Je tiens le fait d'un de
nos plus éminents amiraux. Pourquoi? Parce que les
matelots respectent en leurs chefs non-seulement le
grade, mais le mérite ; ou plutôt, parce que c'est le

mérite qu'ils respectent dans le grade; parce qu'ils reconnaissent dans leurs officiers des hommes plus instruits qu'eux, plus éclairés qu'eux, arrivés à leur position par le travail non par la faveur, et ils obéissent de la seule façon dont l'obéissance soit une vertu virile, ils obéissent par conviction. Eh bien, voilà notre modèle et notre espoir. Voulez-vous relever l'autorité dans la famille comme dans l'armée, dans l'atelier comme dans l'État? Fondez-la, non sur l'abaissement de celui qui obéit, mais sur l'élévation morale de celui qui commande! Faites de la soumission, non pas l'anéantissement de la volonté, mais le triomphe de la volonté même! Créez enfin une obéissance française, comme il y a un honneur français; et surtout, si la France reparaît sur les champs de bataille, inaugurez une guerre française! Oui! jurez-vous, si vous êtes vainqueurs, de ne pas dévaliser, de ne pas emballer, de ne pas brûler, de ne pas piller! Soyez humains par humanité et par vengeance. Et pour qu'il y ait dès aujourd'hui un abîme infranchissable entre nous et nos ennemis, commencez par ne plus jeter l'anathème contre Paris!

Une pétition demande, dit-on, que les services publics soient transférés à Versailles. Tous les pétitionnaires du monde auront beau faire, je les mets bien au défi d'inventer une machine de Marly assez forte pour soulever des rives de la Seine, et transporter sur les plateaux déserts de Satory, ce flot de lumière, d'intelligence, de vie et de patriotisme, qu'on appelle Paris. Décapitaliser

Paris, soit. Mais capitaliser Versailles, jamais! On peut couper une tête : on ne la refait pas !

Telles sont, messieurs, quelques-unes des épaves de notre naufrage, quelques-uns de nos motifs d'espérance. Je pourrais vous en signaler plus d'un autre; en premier lieu, l'emprunt, ce merveilleux emprunt, que je bénis trois fois. D'abord parce qu'il a prouvé au monde que nous n'étions pas tout à fait morts; puis, parce qu'il nous libérera bientôt, j'espère, d'une présence odieuse; enfin, parce qu'il s'est réalisé en deux jours, et que cette réalisation si rapide a surpris très-désagréablement nos ennemis. Faire enrager ses créanciers en les payant trop vite, voilà une vengeance vraiment française! Il me semble que c'est l'intérêt de notre argent.

Permettez-moi aussi de mettre au rang de nos bonheurs les malheurs auxquels nous avons échappé. Certes, notre situation est terrible, mais quand je songe à ce qu'elle aurait pu être, je suis presque tenté de remercier le ciel au lieu de l'accuser. Voyons! supposez que la Commune eût été victorieuse; supposez qu'elle ait été vaincue trois jours plus tard; supposez qu'il nous ait fallu appeler l'intervention de nos ennemis, que nous soyons aujourd'hui les obligés de la Prusse! Rien qu'à cette pensée, j'oublie tout ce que nous avons perdu, et je ne compte plus que ce que nous avons gardé.

Les Tuileries sont en ruine, mais le Louvre est debout! l'Hôtel de ville est en cendres, mais la Bibliothèque est intacte! le Palais-Royal est détruit, mais la Comédie-

Française, mais Notre-Dame, mais la Sainte-Chapelle, mais le Panthéon, mais enfin Paris presque tout entier est sain et sauf! Nous ressemblons à des parents qui auraient vu leur fils à deux doigts de la mort, et qui le verraient renaître par miracle! Est-ce qu'ils songeraient à se plaindre de le trouver un peu affaibli, un peu pâli, un peu amaigri? non! Ils ne verraient qu'une chose, c'est qu'il est sauvé, c'est qu'il est vivant; et si leurs yeux versaient encore des larmes, ce seraient des larmes de reconnaissance et de joie! Eh bien, imitons-les donc!... car notre chère France aussi est vivante!... plus que vivante, déjà réembellie et reprenant son rôle dans le monde. En voulez-vous une preuve? preuve légère, car il ne s'agit que de deux faits de détail, mais les petits faits ont quelquefois une grande signification. L'exposition universelle de Londres a été inaugurée par un grand festival. On y a exécuté quatre cantates inédites, composées par un Allemand, un Italien, un Anglais et un Français. Laquelle l'a emporté? La cantate française, et le psaume de Gounod, redemandé avec enthousiasme par la salle entière, a fait descendre sur le front humilié de notre chère patrie un premier rayon de lumière et de gloire! Ce n'est pas tout. Nos artistes de la Comédie-Française viennent, vous le savez, d'entreprendre à Londres une campagne dramatique. Ils y sont restés trois mois; ils ont joué tous les soirs; chaque soir leur a valu une recette de trois à quatre mille francs. Le jour de leur départ l'aristocratie anglaise leur a donné un banquet d'adieu, et deux nobles lords, aussi spirituels que courtois, ont bien voulu servir d'interlocuteurs au duc Job! Eh bien, que ces messieurs de Berlin essayent donc d'envoyer une troupe allemande à Londres, et ils verront si le jour de leur départ le premier ministre leur adresse des discours d'adieu! Ils verront si Gœthe et Schiller sont de taille à lutter avec Molière, Corneille et Racine; ils verront s'ils lèvent sur le peuple anglais cette contribution que tous les canons Krupp du monde sont impuissants à obtenir, car c'est le génie qui la gagne, et c'est l'admiration qui la paye! *Sursum corda*, messieurs! la France recommence à régner par les arts, elle est toujours la France!

Un dernier mot.

La force vitale d'un pays ne se mesure pas seulement à la valeur générale de la nation même, mais à la supériorité de ses hommes d'élite; et, depuis cinquante ans, tous les peuples puissants de l'Europe ont eu à leur tête des chefs de premier ordre. Il me suffit de nommer sir Robert Peel, M. de Cavour, M. de Bismarck, M. de Moltke. Seulement, une remarque : M. de Cavour était un grand homme d'État, mais il eût été bien embarrassé d'organiser une armée. M. de Bismarck est un grand politique, mais il n'est pas un grand financier. M. de Moltke est un profond stratégiste, mais il n'est pas un grand diplomate. Sir Robert Peel a été un grand ministre, mais il n'a pas été un grand historien. Un seul peuple a produit un homme qui a réuni toutes ces qualités diverses et contradictoires; qui, après cinquante ans des travaux les plus opposés, a eu le bonheur de mettre au service de son pays toutes ses études, même celles dont on l'avait un peu raillé; qui a égalé et surpassé peut-être ses quatre rivaux de gloire sans avoir recours ni à la systématique violence de l'un, ni à l'implacable dureté de l'autre, ni à la ruse diplomatique du troisième, mais qui a sauvé son pays par le seul ascendant de l'honnêteté, du patriotisme et du bon sens. Si cet homme éminent était là, il m'arrêterait sans doute, et me prierait de me taire, mais je ne l'écouterais pas, et il me pardonnerait, car j'ajoute que ce n'est pas à lui que je reporte l'honneur de ses rares talents, c'est à sa mère, à cette chère France qui pouvait seule le faire ce qu'il est. Oui, M. Thiers, car enfin il faut bien que je le nomme, M. Thiers est un produit essentiellement français. Et voilà pourquoi sa gloire m'est un si puissant motif de confiance. La terre qui a fait naître de tels hommes n'est pas morte! Quand Dieu suscite à une nation de tels sauveurs, c'est qu'il a encore de grandes vues sur elle! Le monde du passé a disparu, soit! Voici que reparaît la société nouvelle! Et puisque la nation arrive au rang de souveraine, appliquons-lui la belle parole réservée jadis aux souverains, et écrions-nous : La France est morte, vive la France!

PARIS. — J. CLAYE, IMPRIMEUR, 7, RUE SAINT-BENOIT. — [378]

www.ingramcontent.com/pod-product-compliance
Lightning Source LLC
Chambersburg PA
CBHW060720050426
42451CB00010B/1542